Cornelia Groß

Neue Geschichtensäckchen

zu Lieblingsthemen in Krippe und Kita

Verlag an der Ruhr

Impressum

Titel
Neue Geschichtensäckchen zu Lieblingsthemen in Krippe und Kita

Autorin
Cornelia Groß

Titelbildmotiv und Fotos
wenn nicht anders angegeben © Cornelia Groß

Druck
AZ Druck und Datentechnik GmbH, Kempten, DE

Verlag an der Ruhr
Mülheim an der Ruhr
www.verlagruhr.de

Geeignet für Kinder von 1–4 Jahren

ISBN 978-3-8346-3822-9

Inhalt

Vorwort

Liebe Leserinnen, liebe Leser,

ich freue mich, dass Sie sich für meine Ideen interessieren. Seit mehreren Jahren arbeite ich in einer Kindertagesstätten-Gruppe für Kinder im Alter von acht Wochen bis drei Jahren. Hier stellte sich mir die Frage, wie Themen didaktisch so vorbereitet werden können, dass Kinder in diesem Alter **Spaß** daran haben und ihr **Wissen** nachhaltig erweitern können. **Geschichtensäckchen** sind dazu eine ideale Möglichkeit: **Kurze, einfache und oft gereimte Geschichten** in Verbindung mit **Handlungen,** die dazu mit Gegenständen ausgeführt werden, machen Inhalte für Kinder lebendig. Das Vorspielen macht es den Kindern leichter, den Ablauf und Inhalt zu verstehen.

Ich schrieb die ersten Geschichten zu den Festen im Jahreskreis (Ostern und Weihnachten). Die Kinder haben diese mit großer Begeisterung aufgenommen, sodass ich sehr bald auch weitere Themen in diese Form brachte.

Zur Auswahl der **Themen** orientiere ich mich immer an einer **aktuellen Situation.** Steht etwa ein Fest an, z. B. Weihnachten? Oder beschäftigt die Kinder zur Zeit ein bestimmtes Thema, z. B. die Feuerwehr, da diese eine Übung im Kindergarten hatte? Ist vielleicht das Thema Schnee spannend, weil es zurzeit schneit und wir einen Schneemann bauten?
Durch diese Anknüpfungspunkte aus ihrem Alltag haben die Kinder ein natürliches Interesse und sind motiviert und interessiert dabei.

Die Materialien

Alle Utensilien, die in der Geschichte vorkommen, werden zusammen in einem **Stoffsäckchen** aufbewahrt. Die Säckchen nähe ich selbst. Sie bekommen beim Nähen ein **passendes Motiv** oder Stofffarben, die zum Thema passen, sodass die Kinder jede Geschichte später wiedererkennen können.

Wenn Sie selbst auch solche Säckchen herstellen möchten, finden Sie im Internet zahlreiche **Nähanleitungen** für Geübte und Anfänger.

Ansonsten können Sie auch auf **fertig gekaufte Säckchen** ausweichen, die es günstig zu bestellen gibt, und z. B. ein passendes Motiv aufbügeln oder mit Stoffmalstiften gestalten. Wichtig dabei ist nur, dass **die Kinder das Säckchen erkennen können.** So können sie sich auch bei noch wenig entwickelten Sprachfähigkeiten eine Geschichte wünschen.

Die **Geschichten-Utensilien,** die ich nutze, sind alles Materialien, die sich im **Alltag** und in der Kita finden oder die sich leicht selbst herstellen lassen.

Wenn Sie bestimmte Materialien nicht haben, können Sie sie oft durch eigene ersetzen. Eventuell müssen Sie dann die Texte etwas anpassen.

Wie arbeiten wir mit den Geschichtensäckchen?

Eingeführt wird das neue Geschichtensäckchen immer im Morgenkreis. Wir sitzen alle zusammen auf dem Teppich und ich erzähle und spiele die neue Geschichte vor. Nach und nach kommen alle Utensilien passend zum Ablauf der Geschichte hervor und stehen dann in der Mitte zusammen. Bei der Formulierung bemühe ich mich, viele **Gesten** (z. B. winken, klopfen)

und **Wiederholungen** einzubauen, damit sich möglichst jedes Kind einbringen kann. Der Text beinhaltet viele **lautmalende Wörter** (z. B. Tierstimmen und Fahrzeuggeräusche), damit die Kinder je nach Entwicklungsstand mitsprechen und lautieren können. Dies ist eine wunderbar einfache Methode zur Sprachförderung. Abgeschlossen wird die Geschichte zur Orientierung immer mit den Worten „Jetzt ist die …geschichte aus". Im Anschluss räumen die Kinder alle Utensilien abwechselnd wieder zurück in das Säckchen. Ein für uns so simpler Vorgang ist für die Kinder ein schwerer Entscheidungsprozess, der manchmal etwas Zeit benötigt.

Nachdem die Geschichte mehrere Tage im Morgenkreis erzählt wurde, wird das Säckchen nun an einer Leiste im Gruppenraum aufgehängt, an der sich weitere Geschichtensäckchen befinden. Das eindeutige Design macht es nun leichter, die Geschichten wiederzuerkennen und auszuwählen.

ACHTUNG: Die Kinder wählen die Geschichten zwar selbst aus, sollten aber nicht allein mit den Säckchen und ihrem Inhalt hantieren, da diese manchmal Kleinteile enthalten.

Es hat sich gezeigt, dass die Kinder dieses Angebot mit großer Begeisterung annehmen. Jeden und jeden Tag werden die Geschichten von mir und meinen Kolleginnen erzählt.
Wir verwenden dabei **immer den gleichen Ablauf und Wortlaut** und weichen nicht davon ab. Durch die ständigen **Wiederholungen** wächst die Sicherheit und dadurch die Freude der Kinder. Jedes Kind kann sich nach eigenem Rhythmus immer mehr einbringen und das neu Erlernte erweitern. Kinder lernen durch Wiederholung, Wiederholung, Wiederholung, auch wenn dies für uns Erwachsene oft schwer auszuhalten ist. Von Mal zu Mal kommt es dabei zu neuen und weiteren **Erfolgserlebnissen,** das Selbstvertrauen wächst und die Synapsen im Gehirn werden immer intensiver miteinander verschaltet.
Nicht selten kennen die Kinder die Texte bald auswendig und spielen diese dann nach. Ich hoffe, ich konnte Ihnen einen Einblick in die Handhabung der Geschichtensäckchen geben und meine Begeisterung springt auf Sie über.

Viel Spaß beim Ausprobieren
Cornelia Groß

Im Karneval

Material

- Indianerfedern, Krone, Pistole, Feenstab, Augenklappe, Clownsnase, Luftschlangen oder alternativ Luftballons (dann den Text anpassen)
- 1 Karnevalssäckchen

Im Karneval, im Karneval,
da ist es wunderschön,
da könnt ihr Indianer
mit bunten Federn sehn.
U – U – U

Im Karneval, im Karneval,
da ist es wunderschön.
Da könnt ihr die Prinzessinnen
mit glitzernden Kronen sehn.
Oh, wie schön.

Im Karneval, im Karneval,
da ist es wunderschön.
Da könnt ihr viele Cowboys
mit Spiel-Pistolen sehn.
Piff, paff – piff, paff!

Im Karneval, im Karneval,
da ist es wunderschön.
Da könnt ihr zarte Feen
mit Zauberstäben sehn.
Ping, ping, ping.

Im Karneval, im Karneval,
da ist es wunderschön.
Da könnt ihr die Piraten
mit Augenklappen sehn.
Ahoi, ahoi!

Im Karneval, im Karneval,
da ist es wunderschön.
Da könnt ihr lustige Clowns
mit roten Nasen sehn.
Hahaha.

Im Karneval, im Karneval,
da ist es wunderschön.
Da könnt ihr alle Kinder
mit bunten Luftschlangen sehn. Pffff!
Und jetzt ist die Karnevalsgeschichte aus .

Die Biene summt herum

Material

- 1 Wiese (z. B. aus dem Dekobedarf, eine kleine Tischdecke oder stabile Serviette)
- 1 Bienenfigur
- 1 Bienensäckchen

Summ, summ, summ,
eine Biene summt herum.

Ja, was sieht die Biene da?
Eine Wiese wunderbar.

Viele Blumen blühn darauf,
die Biene setzt sich obenauf.

Hat sie sich alles angesehen,
kann es im Fluge weitergehen.

Summ, summ, summ,
eine Biene summt herum.

Und jetzt ist die Bienengeschichte aus.

Die Tiere im Zoo

Material

- 1 Menschenfigur
- Holzzäune
- Tiere: je 1 Tiger, Vogel, Kamel, Elefant, Affe, Seehund, Bär, Schlange, Nilpferd, Kuh, Spinne
- 1 Zoosäckchen

TIPP: Sie können die Tiere natürlich auch durch andere ersetzen. Wichtig ist, dass sie deutlich unterscheidbare Laute von sich geben und dass maximal ein Tier gar nichts sagt.

Wenn ich in den Zoo gehe, sehe ich Tiere und staune: „Oh!“

Wenn ich in den Zoo gehe,
sehe ich Tiger, die fauchen:
„Grrr, grrr, grrr."

Wenn ich in den Zoo gehe,
sehe ich Vögel, die zwitschern:
„Piep, piep, piep."

Wenn ich in den Zoo gehe,
sehe ich Kamele, die schreien:
„Böh, böh, böh."

Wenn ich in den Zoo gehe,
sehe ich Elefanten, die trompeten:
„Töröö, töröö."

Wenn ich in den Zoo gehe,
sehe ich Affen, die rufen:
„Uaa, uaa, uaa."

Wenn ich in den Zoo gehe,
sehe ich Seehunde, die heulen:
„Öj, öj, öj."

Wenn ich in den Zoo gehe,
sehe ich Bären, die brummen:
„Brumm, brumm, brumm."

Wenn ich in den Zoo gehe,
sehe ich Schlangen, die zischen:
„Zzz, zzz, zzz."

Wenn ich in den Zoo gehe,
sehe ich Nilpferde, die schnauben:
„Pschhh, pschhh."

Wenn ich in den Zoo gehe,
sehe ich Kühe, die muhen:
„Muh, muh, muh".

Wenn ich in den Zoo gehe, sehe ich Spinnen.
Die sind ganz still: „Pst!"

Und jetzt ist die Zoogeschichte aus.

Kofferpacken

Material

- 1 Spielzeugkoffer
- Kleidung in Puppengröße (z. B. Hose, T-Shirt, Socken, Mütze, Schal)
- 1 Zahnbürste
- 1 Schmuseente

TIPP: Alternativ ist alles möglich, was man in den Urlaub mitnimmt, z. B. Schnuller, Sonnencreme, Badehose.

Wir fahren in den Urlaub.
Heute packe ich dafür meinen Koffer.
Ich packe in meinen Koffer eine Hose.

Ich packe in meinen Koffer ein T-Shirt.

Ich packe in meinen Koffer zwei Socken.

Ich packe in meinen Koffer eine Unterhose.

Ich packe in meinen Koffer eine Mütze.

Ich packe in meinen Koffer einen Schal.

Ich packe in meinen Koffer meine Schmuseente.

Ich packe in meinen Koffer eine Zahnbürste.

Jetzt ist der Koffer voll.
Zuklappen, verschließen,
nun kann es losgehen, juhu!

Und jetzt ist die Urlaubsgeschichte aus.

Die kleine Eule ist allein

Material

- Tiere: je 1 große Eule, kleine Eule, Schaf, Löwe, Schlange, Elefant, Pferd, Krokodil
- 1 Eulensäckchen

Eine kleine Eule fliegt umher
und sucht die Mama ja so sehr.
Sie ist traurig und allein
und möchte bei der Mama sein.

„Oh, wer bist denn du?
Bist du die Mama, huhu, huhu?"
„Nein, ich bin ein Lamm und kann nicht fliegen.
Ich springe auf der Wiese herum
– hüpf, hüpf."

„Oh, wer bist denn du?
Bist du die Mama, huhu, huhu?"
„Nein, ich bin ein Löwe und kann nicht fliegen.
Ich lebe im Urwald und schleiche ganz leise
– tapp, tapp."

„Oh, wer bist denn du?
Bist du die Mama, huhu, huhu?"
„Nein, ich bin eine Schlange und kann nicht fliegen. Ich krieche auf dem Boden und schlängle mich dabei – schhh, schhh."

„Oh, wer bist denn du?
Bist du die Mama, huhu, huhu?"
„Nein, ich bin ein Elefant und kann nicht fliegen.
Ich bin groß und schwer und mache Riesenschritte – bomm, bomm."

„Oh, wer bist denn du?
Bist du die Mama, huhu, huhu?"
„Nein, ich bin ein Pferd und kann nicht fliegen. Ich galoppiere auf der Weide – trapp, trapp, trapp, trapp."

„Oh, wer bist denn du?
Bist du die Mama, huhu, huhu?"
„Nein, ich bin ein Krokodil und kann nicht fliegen. Ich schwimme im Wasser und ruhe mich aus – plitsch, platsch."

„Oh, meine Mama, welch ein Glück,
kommt immer näher Stück für Stück.
Sie gibt mir einen dicken Kuss.
Mit dem Alleinsein ist jetzt Schluss."

Und jetzt ist die Eulengeschichte aus.

St. Martin

Material

- 1 Pferd
- 1 Figur als St. Martin
- 1 Figur als Bettler
- 1 roter Mantel (aus 2 separaten Stoffstücken)
- 1 Schwert
- 1 St.-Martin-Säckchen

Das ist Martin, er ist ein Mann.

Martin hat einen schönen, roten Mantel, der hält ihn gut warm.

Martin reitet auf einem Pferd.
Hopp, hopp, hopp.

Er ist ein Soldat.

Er trägt ein Schwert in seiner Hand.
Auf seinem Pferd reitet Martin in die Stadt.

Hopp, hopp, hopp.

Hier sitzt ein armer Mann auf dem Boden.

Seine Hose und sein Hemd haben viele Löcher und sind kaputt. Ihm ist viel zu kalt.

Er hat keine Schuhe an. Der arme Mann hat auch kalte Füße.

Martin steigt vom Pferd und gibt dem armen Mann die Hälfte von seinem Mantel ab.

Der Mantel deckt den armen Mann gut zu.

Jetzt ist dem armen Mann nicht mehr kalt, es ist ihm schön warm.

Martin steigt wieder auf sein Pferd und reitet davon. Hopp, hopp, hopp.

Der arme Mann winkt ihm nach und ruft: „Danke für den Mantel, Martin".

Und jetzt ist die St.-Martin-Geschichte aus.

Die Nikolausgeschichte

Material

- 1 Nikolaushandpuppe
- 1 Nikolausmütze
- 1 Stab
- 1 Buch
- 1 Jutesack
- Obst und Nüsse (eventuell als Bildkarten)

Der Nikolaus kommt zu uns ins Haus.
Der Nikolaus kommt zu uns ins Haus.

Er trägt einen roten Hut,
der steht ihm wirklich gut.
Er trägt einen roten Hut,
der steht ihm wirklich gut.

Und einen langen Stock zu seinem roten Rock.
Und einen langen Stock zu seinem roten Rock.

Er hat sein Buch aus Gold herausgeholt.
Er hat sein Buch aus Gold herausgeholt.

Er trägt einen großen Sack huckepack.
Er trägt einen großen Sack huckepack.

Nun stellt er ihn hin. Was ist da wohl drin?
Nun stellt er ihn hin. Was ist da wohl drin?

(Sack öffnen und Obst, Nüsse oder Bildkarten herausnehmen)

Der Nikolaus geht jetzt nach Haus.
Der Nikolaus geht jetzt nach Haus.

Wir sagen: „Tschüss und dankeschön,
bis wir uns dann mal wiedersehn".

Und jetzt ist die Nikolausgeschichte aus.

Die Weihnachtsgeschichte

Material

- Maria, Josef, Baby
- Tiere: 1 Ochse, 1 Esel, 3 Schafe
- 1 Stall
- 1 Krippe
- 1 Weihnachtstern
- 1 Weihnachtssäckchen

In einem Stall in Bethlehem stehen ein Esel, iah,

ein Ochse, muh,

und drei kleine Schafe, mäh, mäh, mäh.
Sie fressen Stroh aus der Futterkrippe.

Es wird ganz still und leise, psst, psst.
Plötzlich klopft es, tock, tock, tock.

Wer kommt denn da? Es sind Maria und Josef.

Sie sind müde und suchen einen Platz zum Schlafen. Maria und Josef treten ein und die Tiere begrüßen sie:
Der Esel mit iah, der Ochse mit muh und die Schafe mit mäh, mäh, mäh.

Maria und Josef haben ein Baby.
Das Baby heißt Jesus.
Jesus ist ganz müde und braucht einen Platz zum Schlafen.

Maria legt Jesus in die Krippe.
Jesus schläft ein, chr, chr, chr.

Es ist Nacht und am Himmel leuchtet
ein besonders schöner Stern,
der Weihnachtsstern.

Und nun ist die Weihnachtsgeschichte aus.

Wir bauen einen Schneemann

Material

- 3 Styroporkugeln in unterschiedlichen Größen (die unterste etwas abflachen)
- 1 Schaschlikspieß, um die Kugeln aufeinanderzustecken
- Perlen auf Stecknadeln als Augen und Nase
- Stoff für den Mund
- 1 Hut (z. B. Waschmittelflaschen-Deckel)
- 1 Holzstöckchen
- Watte
- Sonne
- 1 Schneemann-säckchen

Schneeflocken fallen vom Himmel ganz sacht,
es entsteht eine weiße Schneelandschaft.
Einen großen Schneemann wollen wir bauen,
denn der ist sehr schön anzuschauen.

Rolle, rolle hin und her,
eine große Kugel rollen,
das ist schwer.

Rolle, rolle, ein Bauch muss sein,
ist die Kugel auch noch so klein.

Rolle, rolle, ein runder Kopf
und als Hut ein kleiner Topf.

Auge, Auge, Nase, Mund,
der Schneemann wird jetzt richtig bunt.

Auch ein Stock gehört dazu,
nun ist er fertig ganz im Nu.
Lieber Schneemann, bleib schön stehen,
denn alle wollen dich gern sehen.

Doch scheint die Sonne warm und hell,
verschwindet unser Schneemann schnell.
Er schmilzt dahin und wird ganz krumm
und auf einmal fällt er um – bumm.

Und jetzt ist die Schneemanngeschichte aus.

Eine Maus im Kitahaus

Material

- 1 Maushandpuppe
- 1 Maussäckchen

Ich bin die kleine, graue Maus
und komm zu euch ins Kitahaus.
Ich sage euch „Hallo“ und bin dabei sehr froh.

Bilder der Maus von FOLKMANIS-PUPPETS mit freundlicher Genehmigung von FOLKMANIS PUPPETS/EUROPE

Ich habe ein, zwei große Ohren,
ein, zwei runde Augen,
eine spitze Nase,
ein, zwei weiße Zähne
und viele Schnurrbarthaare.

Ich habe
ein, zwei Hände
und ein ganz weiches Fell.

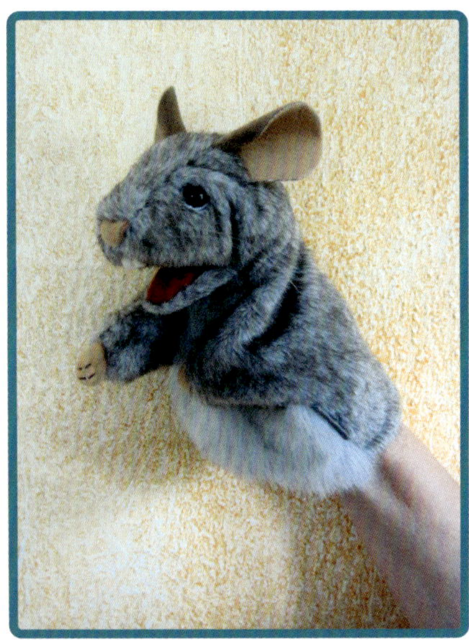

Sag mir im Nu,
wie heißt denn du?
Ich sag dem/der … „Guten Tag",
weil ich den/die … gerne mag.

Zum Abschied wink ich ein, zwei Mal,
zu euch komm ich bestimmt noch mal.
Ich geh zur Mama jetzt nach Haus
und die Mausgeschichte ist nun aus.

Im Spiegel

Material

- 1 Spiegelsäckchen
- 1 Spiegel

© chihana | Fotolia.com

Spiegel, Spiegel in der Hand,
wer ist in dir zu sehn?

Auge, Haare, Wangen, Mund –
das Gesicht ist kugelrund.

Rechts ein Ohr und links ein Ohr,
streck die Nase auch mal vor.

Das Gesicht, das lacht dich an,
weil die/der … fröhlich lachen kann.
Und jetzt ist die Spiegelgeschichte aus.

Der Affe und seine Freunde

Material

- Tiere: je 1 Affe, Schlange, Papagei, Löwe, Elefant
- 1 Banane
- unterschiedliche Bäume
- 1 Dschungelsäckchen

In einem Dschungel, oh, wie schön,
kann man viele Bäume sehn.

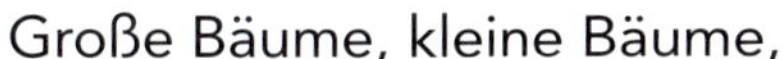

Große Bäume, kleine Bäume,

dicke Bäume, dünne Bäume.

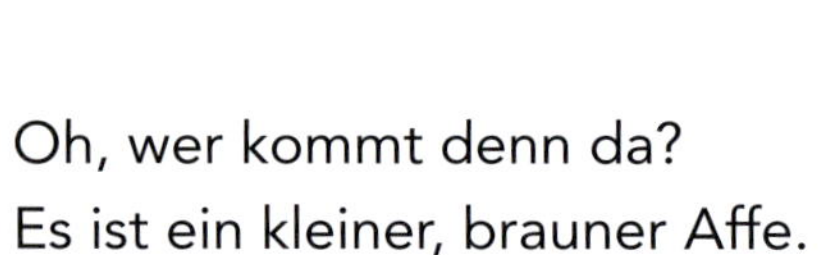

Oh, wer kommt denn da?
Es ist ein kleiner, brauner Affe.

Der kleine Affe hat Hunger.
Er sucht sich auf einem Baum eine Banane,
die schmeckt ihm gut – mmh, mmh.

Nach dem Essen wartet der kleine Affe auf seine Freunde.

Zuerst kommt die Schlange.

Sie schlängelt sich durch das Gras und zischt – zzz, zzz, zzz.

Der Papagei kommt mit seinen schönen bunten Federn angeflogen.

Er breitet seine Flügel aus und krächzt – kra, kra, kra.

Der Elefant stampft durch den Urwald

und tönt mit seinem langen Rüssel
– töröö, töröö, töröö.

Als Letzter kommt der Löwe.

Er schleicht heran und faucht gefährlich
– grrr, grrr, grrr.

Alle Tiere verbringen gemeinsam
den Tag im Dschungel.

Jetzt ist die Dschungelgeschichte aus.

So viele Fahrzeuge

Material

- Fahrzeuge: je 1 Traktor, Lkw, Bagger, Polizeiauto, Auto, Müllwagen, Feuerwehr (z. B. Stoffapplikationen oder Spielzeugautos)
- 1 Straße (z. B. Holzplatte, beklebt mit Tafelfolie und weißen Streifen)
- 1 Fahrzeugsäckchen

TIPP: Sie können auch die Farben zu den Fahrzeugen nennen, also „Der grüne Traktor knattert laut daher" usw.

Auf der Straße hin und her
fährt der Traktor kreuz und quer.

Der Traktor knattert laut daher und
dabei ist ihm nichts zu schwer.

TUCKER – TUCKER – TUCKER

Auf der Straße hin und her
fährt der Lkw kreuz und quer.

Der Lkw ist riesengroß
und manchmal hupt er ganz laut los.

TUT – TUT – TUT

Auf der Straße hin und her
fährt der Bagger kreuz und quer.

Der Bagger schaufelt Steine auf
und lädt sie mit Krach auf den Lkw auf.

BUMM – BUMM – BUMM

Auf der Straße hin und her
fährt das Polizeiauto kreuz und quer.

Das Polizeiauto ist famos
und fährt mit Blaulicht und Sirene los.

LALÜ – LALA – LALÜ – LALA

Auf der Straße hin und her
fährt das Auto kreuz und quer.

Das Auto braust mit viel Gebrumm
schnell um die nächste Kurve rum.

BRUMM – BRUMM – BRUMM

Auf der Straße hin und her
fährt das Müllauto kreuz und quer.

Das Müllauto fährt ganz lang umher
und macht die Mülltonnen leer.

KLAPPE AUF – KLAPPE ZU

Auf der Straße hin und her
fährt das Feuerwehrauto kreuz und quer.

Das Feuerwehrauto bringt Wasser mit
und löscht das Feuer, welch ein Glück.

TATÜ – TATA – TATÜ – TATA

Und jetzt ist die Fahrzeuggeschichte aus.

Die Feuerwehr ist da!

Material

- 1 Feuerwehrauto
- 1 Feuerwehrmann
- 1 Helm
- 1 Feuer
- 1 Schlauch
- 1 Feuerwehrsäckchen

Ein Feuer, ein Feuer, die Sirene heult los.
Es brennt, es brennt, die Sirene heult los.
Uui – Uui – Uui.

Hurra, hurra, die Feuerwehr ist da.
Hurra, hurra, die Feuerwehr ist da.
Sie kommt, sie kommt mit Tatütata.
Sie kommt, sie kommt mit Tatütata.

Helm an, Helm an beim Feuerwehrmann.
Helm an, Helm an beim Feuerwehrmann.

Wasser marsch, Wasser marsch, alles wird nass.
Wasser marsch, Wasser marsch, alles wird nass.

Das Feuer ist aus,
die Feuerwehr fährt jetzt nach Haus.
Das Feuer ist aus,
die Feuerwehr fährt jetzt nach Haus.

Und jetzt ist die Feuerwehrgeschichte aus.

Tuff, tuff, tuff, die Eisenbahn

Nach dem bekannten Kinderlied

Material

- 1 Eisenbahn mit Anhänger
- Figuren in der Anzahl der Kinder
- 1 Eisenbahnsäckchen

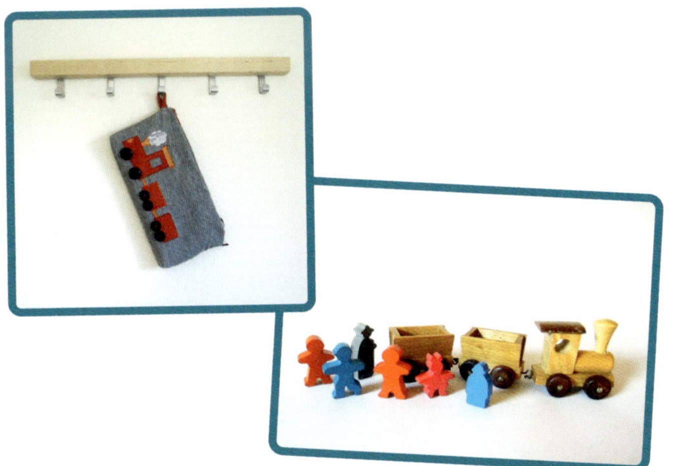

Tuff, tuff, tuff, die Eisenbahn,
wer will mit in den Kindergarten fahrn?

Alleine fahren will ich nicht,
drum nehm ich mir die … mit.

Tuff, tuff, tuff, die Eisenbahn,
wer will mit in den Kindergarten fahrn?

Alleine fahren will ich nicht,
drum nehm ich mir den … mit.

Tuff, tuff, tuff, die Eisenbahn,
wer will mit in den Kindergarten fahrn?

Alleine fahren will ich nicht …

(Setzen Sie die Strophen entsprechend der Kinderanzahl fort)

Tuff, tuff, tuff, die Eisenbahn,
die will jetzt nach Hause fahrn.

Alle steigen hier jetzt aus
und gehen dann zu Fuß nach Haus.

Und nun ist die Eisenbahngeschichte aus.

Kunterbunte Luftballons

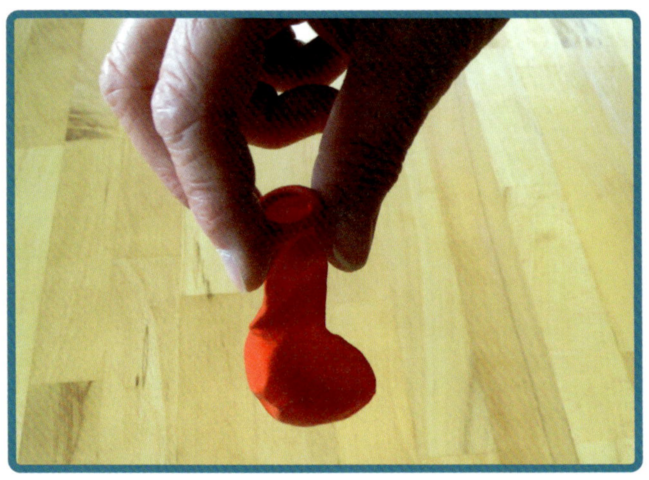

Material

- Luftballons in verschiedenen Farben
- 1 Ballonsäckchen
- Ballonpumpe

Abwechselnd nimmt jeweils ein Kind einen Ballon aus dem Säckchen und zeigt ihn den anderen Kindern. Gemeinsam wird dann der Vers passend zur Farbe des Ballons gesprochen.

TIPP: Generell sollten Sie beim Aufblasen von Ballons eine Pumpe bevorzugen, da viele Ballons Stoffe enthalten, die nicht in den Mund gelangen sollen.

Der rote Ballon (je nach Farbe) ist bei dir,
du zeigst ihn allen Kindern hier.
Puste, puste fest hinein
und der Ballon ist nicht mehr klein.

© Dmitry Lobanov | Fotolia.com

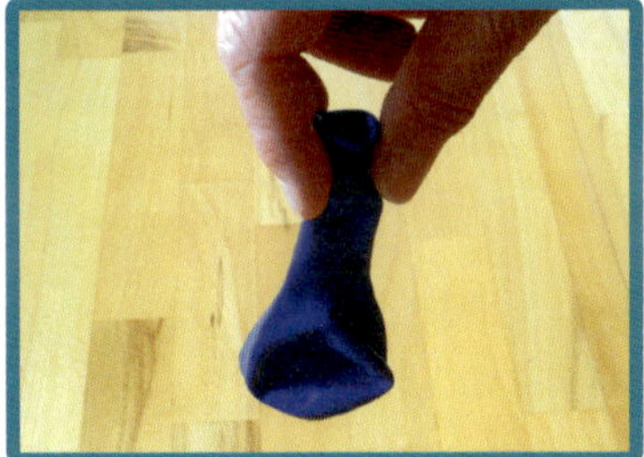

Er ist groß, rot (je nach Farbe)
und wunderschön
und wird von allen gern gesehn.

Der orange Ballon ist jetzt bei dir …
Der blaue Ballon ist jetzt bei dir … *(fortsetzen)*

Und jetzt ist die Luftballongeschichte aus.

Vier Hühner im Nest

Material

- Tiere: 4 Hühner, 1 Hahn
- 4 Eier
- 1 Nest
- 1 Hühnersäckchen

In einem Nest sitzen vier Hühner:
eins – zwei – drei – vier.

Ein Huhn fliegt gackernd zurück
in den Hühnerstall, bock, bock, bock.
Jetzt sind es nur noch drei: eins – zwei – drei.

Ein Huhn fliegt gackernd zurück
in den Hühnerstall, bock, bock, bock.
Jetzt sind es nur noch zwei: eins – zwei.

Ein Huhn fliegt gackernd zurück
in den Hühnerstall, bock, bock, bock.
Jetzt ist es nur noch eins: eins.

Ein Huhn fliegt gackernd zurück
in den Hühnerstall, bock, bock, bock.
Alle Hühner sind jetzt weg.

Nun kommt der Hahn ins Nest und kräht, kikeriki, kikeriki.

Alle vier Hühner kommen zurück ins Nest geflattert: eins – zwei – drei – vier.

Jedes Huhn legt ein Ei: eins – zwei – drei – vier.
Und jetzt ist die Hühnergeschichte aus.

Gespenster am Fenster

Material

- 2 Gespenster (z. B. genäht oder Kugeln in weiße Tücher binden und ein Gesicht aufmalen)
- 1 Fenster (z. B. aus fester Pappe)
- 1 Glocke
- 1 Decke
- 1 Gespenstersäckchen

Liebe Kinder, ich will euch sagen,
die Glocke hat zur Nacht geschlagen.
Dong, dong, dong.

Da schauen aus dem Fenster
zwei kleine, weiße Gespenster.
Guck-guck, guck-guck!

Sie schweben leise hin und her,
das fällt Gespenstern gar nicht schwer.
Hin und her, hin und her … *(leise sprechen)*

Sie kichern und sie lachen,
was sie die ganze Nacht sehr gerne machen.
Hihihi.

Morgens fallen sie dann müd ins Bett,
denn schlafen finden sie auch sehr nett.
Chrrr, chrrr, chrrr.
Und jetzt ist die Gespenstergeschichte aus.

Weitere Bücher für die Krippe

Geschichtensäckchen

Material- und Spielanregungen für 1- bis 4-jährige Kinder

1–4 J., 97 S., A5 quer, Spiralbindung, farbig
ISBN 978-3-8346-0475-0

Kleine Tierprojekte für Krippenkinder

Naturentdeckungen und Mitmachideen zu 14 Tieren

1–3 J., 96 S., A4, Paperback, farbig
ISBN 978-3-8346-3217-3

100 Rituale für die Krippe

Orientierung und Sicherheit für den Tagesablauf mit den Kleinsten

1–3 J., 111 S., 16 x 23 cm, Paperback
ISBN 978-3-8346-0712-6